Die schönsten Ideen für die ganze Familie

Bastelspaß zur Osterzeit

CHRISTOPHORUS

INHALT

FROHE OSTERN!

Bald ist es so weit, schon lassen die ersten Frühblüher an das nahe Osterfest denken. Die Welt wird wieder bunt! Nun macht es Spaß, die leuchtenden Farben auch ins Haus zu holen. Die Kinder helfen eifrig mit, Fenster und den Osterstrauß zu schmücken. Und ein liebevoll geschmückter Ostertisch lädt ein zum gemütlichen Beisammensein. Vielleicht ist hier und da auch ein kleines Ei versteckt?

In diesem Buch finden Sie viele Bastelideen rund um Huhn, Hase und Lamm. Sie sollen Ihnen und Ihren Kindern so richtig Lust aufs Basteln und Dekorieren machen. Entscheiden Sie gemeinsam, welche Motive gebastelt werden, die Auswahl ist groß: Da gibt es zum Beispiel fröhliche Hasen als Eierbecher. Witzige Frösche halten die Ostereier warm und eine stolze Henne hütet ihr Osternest. Am Osterstrauß hängen lustige Häschen, kuschelige Schäfchen oder kleine Beerenwichtel. Am Fenster grüßen herzige Hühnchen sowie bunte Vögel und auf der Fensterbank stehen kleine, mit Eiern gefüllte Minitontöpfe, die von Enten- und Gänseküken bewacht werden. Eine Fundgrube für alle großen und kleinen Bastelfans!

Viel Freude beim Basteln wünschen Ihnen
Ihre Autorinnen

SO WIRDS GEMACHT

Papiere

Viele Objekte in diesem Buch sind aus Papier gefertigt. Dazu eignen sich Tonpapier und Tonkarton in den Stärken 130 g/qm und 220 g/qm. Auch der stärkere Fotokarton (300 g/qm) oder Canson-Karton (160 bis 170 g/qm) lassen sich gut verarbeiten. Mit geprägten Tonpapieren wird ein leicht räumlicher Effekt erzielt. Motiv-Fotokarton (200 bis 300 g/qm) mit verschiedenen kleinen Mustern gibt den Objekten einen patchworkartigen Charakter.

Filz

Bastelfilz (ca. 1 mm stark) lässt sich gut mit Papier kombinieren und gibt den Motiven einen besonderen Reiz. Wenn der Filz steifer sein soll, Filzplatten (3,5 bis 4 mm stark) verwenden. Eierwärmer aus Bastelfilz herstellen.

Vorlagen und Schablonen

Alle Vorlagen sind in Originalgröße abgebildet. Zum Übertragen der Linien auf **Papier** Kohlepapier zwischen Vorlage und Bastelpapier legen und die Linien mit einem Bleistift nachfahren. Wird ein Motiv mehrmals benötigt, empfiehlt es sich, eine **Schablone** herzustellen. Dazu einfach das Motiv auf festes Transparentpapier (z. B. Architektentransparentpapier) pausen, mit einem Klebestift flächig auf dünnen Karton kleben und die Umrisse ausschneiden. Die Schablone auf das Bastelpapier legen und mit Bleistift umfahren. Die Bleistiftlinien mit wegschneiden.

Zum Übertragen der Vorlagen auf **Filz** eine Schablone herstellen. Die Schablone auf den Filz legen und mit einem schwarzen Filzstift umfahren.

Ausschneiden

Papier und Filz mit einer Bastelschere ausschneiden, kleine Motivteile am besten mit einer kleinen, spitzen Schere. Kinder schneiden mit einer vorn abgerundeten Bastelschere. Vereinzelt ist auch ein Cutter mit Schneideunterlage hilfreich, er gehört nicht in Kinderhände.

Zusammenkleben

Wenig Klebstoff (z. B. UHU Alleskleber) verwenden, um Flecken zu vermeiden. Überschüssigen Klebstoff mit einem weichen Radiergummi entfernen, solange er noch feucht ist. Filz mit einem Klebestift wie UHU stic auf Karton kleben. Schnelles, punktuelles Kleben gelingt mit der Niedertemperatur-Pistole UHU pistole LT 110. Durch die geringe Temperatur kann sie auch von Kindern verwendet werden. Drähte lassen sich einfach mit Klebefilm fixieren.

Hilfsmittel

Kohlepapier, Transparentpapier zum Übertragen der Vorlagen, dünner Karton für Schablonen, Lineal, Bleistift, weicher Radiergummi, spitze Sticknadel, Scheren und Klebstoffe werden in den Materiallisten nicht mehr extra erwähnt.

Eier ausblasen und bemalen

1. Die Eier mit warmem Wasser säubern, den Stempelabdruck mit etwas Scheuermittel entfernen. Mit spitzer Schere vorsichtig oben und unten ein kleines Loch ins Ei schlagen, mit einer Stricknadel oder einem Draht durch die Öffnung stechen, um die inneren Eihäute zu durchstechen und das Ei ausblasen. Die Eier mit Wasser säubern und trocknen lassen.

2. Eier-Kaltfarben nach Angaben des Herstellers verflüssigen. Jedes Ei auf einen Schaschlikspieß stecken. Zur Fixierung des Eies den Spieß rechts und links mit Klebefilm umwickeln. Das Ei voll in die Farbe tauchen und auf dem Spieß senkrecht (z. B. in einem Eierkarton) trocknen lassen. Gegen herauslaufende Farbe die zusammengedrehte Spitze eines Papiertaschentuches in die untere Öffnung stecken.

TIPP

Eier im Mikrowellengerät vorwärmen, dann nehmen sie die Kaltfarben besser an.

3. Ausgeblasene Eier können auch mit Satinierfarben oder dickflüssigem Wasserfarben-Deckweißgemisch mit einem Haushaltsschwämmchen betupft werden. Kleine Muster mit Filzstiften auftragen. Auch hierzu das jeweilige Ei auf einem Schaschlikspieß fixieren.

Eier aufhängen

Die Aufhängeschlaufe aus z. B. Stickgarn an ein halbiertes Streichholz knüpfen und in die Öffnung des Eis stecken. Das Ei etwas schütteln und dann am Faden ziehen. Das Holz stellt sich quer vor die Öffnung.

Frühstückseier färben

Bei gekochten Eiern nur Farbe nehmen, die für Lebensmittel geeignet sind. Für einfarbige Eier die gängigen Eierfärbeprodukte verwenden. Muster gelingen mit Filzstiften oder mit dem Egg-Marker (Firma Knorr Prandell), der mit Lebensmittelfarbe gefüllt ist und wie ein Filzstift gehandhabt wird.

Gesichter gestalten

1. Mund, Schnurrbarthaare, Augenbrauen und Augen mit einem schwarzen Filz- oder Gelstift aufmalen. Mit einem weißen Gelstift einen Punkt in die schwarze Pupille setzen, das belebt das Gesicht.

2. Für angedeutete Wangen Anspitzreste von roten Holzbuntstiften in einem kleinen Schälchen aufbewahren, mit der Fingerspitze auf das Papier auftragen und kreisförmig drehen. Alternativ die Wangen mit einem roten Holzbuntstift andeuten und die Farbe mit dem Finger leicht verreiben.

MATERIAL

- Geprägter Tonkarton in Weiß, Rot
- Bastelfilz in Orange, Reste in Gelb, Rot, Hellgrün
- Ovale Pappschachtel, ca. 9 x 13 cm
- Ostergras
- Filzstift in Schwarz
- Holzbuntstift in Rot

VORLAGE 1

Seite 43

Tipp für die Ummantelung der Schachtel:
Falls die Filzplatte für einen Streifen nicht lang genug ist, zwei gleich lange Streifen anfertigen und ohne Überlappung nebeneinander kleben.

Osternest

1 Die Henne mit Schnabel, Kinnlappen und Flügel nach der Vorlage aus Tonkarton, die Schwanzfedern und die Eier aus Filz ausschneiden.

2 Alle Teile der Abbildung entsprechend aufkleben. Augen und Schnabel mit schwarzem Filzstift ausgestalten. Wangen mit einem roten Buntstift andeuten.

3 Den Umfang der Schachtel abmessen und einen 5 cm breiten Filzstreifen in entsprechender Länge zuschneiden. Eine Längskante mit der Zackenschere nachschneiden. Die Schachtel ummanteln und die Filzeier fixieren.

MATERIAL

- Fotokartonreste in Gelb, Rot
- Eierkarton für 6 Eier
- Ostergras in Grün
- 4 Plastik-Halbperlen in Schwarz, 4 mm Ø
- Marabufedern in Weiß
- Kariertes Satinband in Gelb, 5 mm breit
- Acrylfarben in Weiß, Gelb, Hellblau
- Pinsel
- Wattestäbchen
- Filzstift in Schwarz
- Cutter

VORLAGE 2
Seite 48

Osterkörbchen

1 Den Deckel des Eierkartons abtrennen, er wird nicht benötigt. Den Eierkarton innen gelb und außen hellblau anstreichen. Trocknen lassen und mit einem Wattestäbchen weiße Punkte auf die blaue Fläche tupfen.

2 Nach der Vorlage Schnäbel, Kämme und Flügel aus Fotokarton ausschneiden. Jeweils einen schwarzen Punkt auf den Schnabel setzen.

3 Die beiden Spitzen des Eierkartons mit dem Cutter vorsichtig einschneiden. Schnabel und Kamm einstecken. Schwarze Halbperlen als Augen aufkleben. Die Flügel von beiden Seiten ankleben.

4 Am Rücken der Hühner ein Loch in den Eierkarton stechen, die Feder durchstecken und an der Unterseite des Eierkartons mit Klebefilm fixieren.

5 Das Körbchen mit Ostergras füllen und mit einer Satinschleife dekorieren.

MATERIAL

- Reste von geprägtem Tonkarton in Gelb, Orange, Rot
- Je 1 Korken, Standfläche 30 mm Ø, 25 mm hoch
- Je 1 Wattekugel, 30 mm Ø
- Je 2 Holzperlen in Gelb, Rot, 12 mm Ø (Arme)
- Holzperlen in Gelb, Rot, 5 bis 8 mm Ø (Verzierung)
- Je 1 Schaschlikspieß
- Silberdraht
- Reste von gemusterten Baumwollstoffen, z. B. mit Karos in Orange-Weiß, mit Streifen in Rot-Weiß
- Acrylfarben in Hautfarbe, Orange, Rot
- Pinsel
- Eventuell Motivlocher „Hase“, klein
- Filzstift in Schwarz

VORLAGEN 3, 4
Seite 49

Korkenhäschen

1 Die Wattekugeln auf Schaschlikspieße stecken, hautfarben grundieren und trocknen lassen. Die Gesichter mit einem schwarzen Filzstift aufmalen und Locherpunkte als Nasen aufkleben. Die Korken orange und rot bemalen.

2 Ohren, Kragen und Schildchen nach der jeweiligen Vorlage aus Tonkarton ausschneiden, die Kanten eventuell mit der Zackenschere nachschneiden.

3 Die Ohren an die Kopfrückseiten kleben. Für die Schleifen kleine Stoffrechtecke mittig mit Silberdraht abbinden und festkleben.

4 Köpfe, Kragen und Korken mit einem Stück Schaschlikspieß verbinden. Dafür die Kragen in der Mitte mit einer Nadel durchstechen und die Korken oben mit der Scherenspitze vorbohren.

5 Schmale Schals von etwa 10 cm Länge aus Baumwollstoff umbinden. Als Knöpfe kleine Holzperlen in einer Reihe vorn auf die Korken kleben.

6 Die größeren Holzperlen als Arme mit der Klebepistole seitlich an den Korken fixieren, die Bohrungen zeigen nach oben. Jeweils einen 9 cm langen Schaschlikspieß einstecken und am oberen Ende eine kleine Holzperle aufkleben. Die Schildchen beschriften, ankleben und eventuell mit gestanzten Häschen verzieren.

LAURA
TIM

MATERIAL

- Tonkarton in Creme
- Filzplatte in Creme, 4 mm
- Filzblüten (Filzkette) in Grün, 20 mm Ø
- Holzstreuteile „Marienkäfer", 15 mm
- Eierkarton
- Votivglas, ca. 5 bis 5,5 cm Ø
- Kerze in Gelb, Eiform
- Bunte, gekochte Eier
- Ostergras
- Serviette
- Filzstift in Schwarz
- Holzbuntstift in Rot
- Tacker

VORLAGEN 5 – 8
Seiten 49/50

Schäfchen

1 Die Motivteile nach den Vorlagen aus Filz bzw. Tonkarton ausschneiden.

2 Die Schäfchen ausgestalten: Die Gesichter aufmalen, Wangen mit einem roten Buntstift andeuten. Das fertige Köpfchen auf dem Körper fixieren, mit einzelnen Blüten und Käfern ausschmücken.

3 Schäfchen mit Eiern: An der kurzen Seite des Eierkartons zwei Behälter abschneiden, dabei den Steg in der Mitte stehen lassen. Das Schäfchen mit dem Tacker am Steg befestigen. Mit Ostergras und bunten Eiern dekorieren.

4 Beim **Tischlicht** die ausgeschnittene Filzform locker um das Glas legen. Das schmale Ende des Streifens hinter dem breiten Ende fixieren. Den Kopf vorn aufkleben.

5 Beim **Serviettenhalter** eine Serviette tütenförmig zusammenrollen und durch den Ausschnitt des Schäfchens stecken. Ostergras und ein gefärbtes Ei hineinlegen.

MATERIAL

- *Bastelfilz in Gelb, Grün, Reste in Weiß, Orange, Rot, Schwarz*
- *Stickgarn in Schwarz*
- *Silberdraht*

VORLAGEN 9, 10
Seiten 50/51

Eierwärmer

Frosch

1 Nach Vorlage 9 eine Kartonschablone des Frosches herstellen, auf Filz übertragen und ausschneiden.

2 Den Mund mit Stickgarn auf das Vorderteil aufsticken, die Garnenden hinten verknoten. Wangenpunkte und Augen aus Filz schneiden und aufkleben. Die Nasenpunkte mit schwarzem Gel- oder Filzstift aufmalen.

3 Beide Teile des Frosches deckungsgleich aufeinander legen und der Vorlage entsprechend am Rand und am Kopf zusammenkleben.

4 Die eingezeichneten seitlichen Schlitze mit dem Cutter einschneiden. Je zwei 10 cm lange und 5 mm breite Streifen aus Filz zuschneiden, durch die Einschnitte stecken und zusammenbinden.

5 Den Frosch mit einem Blümchen oder mit einer Fliege aus Filz verzieren.

Zipfelmütze

1 Die Form nach Vorlage 10 aus Filz schneiden, den unteren Rand mit der Zackenschere nachschneiden.

2 Das Dreieck so zu einer Zipfelmütze zusammenkleben, dass ein Ei darunter passt. Mit Blüten aus Filz verzieren.

Wackelhühner

MATERIAL

Hühner

- Fotokarton in Weiß
- Filzreste in Rot, Gelb, Weiß
- Marabufedern in Weiß
- Filzstift in Schwarz

Eier

- Fotokarton in Weiß
- Filzreste in beliebigen Farben

VORLAGEN 11 – 13
Seite 52/53

Anleitung „Wackelhühner“
siehe Seite 26.

Die „Eier“ wie unter Schritt 3 beschrieben aus Fotokarton und Filz anfertigen. Eventuell mit Holzstanzteilen, Knöpfen usw. verzieren.

MATERIAL

Hasen

- *Tonkarton in Rosa, Hellgrün, Pink*
- *Tonkartonrest in Weiß*
- *Tonpapier, kariert, in Weiß-Rosa, Weiß-Grün*
- *Lackstift in Weiß*
- *Filzstifte in Pink, Grün, Schwarz*
- *Buntstift in Pink*
- *Schaschlikstäbchen*
- *Motivstanzer „Blümchen", 1,5 cm Ø*
- *Locher*
- *Eier in Weiß*

Küken

- *Tonpapier, gepunktet, in Gelb-Weiß*
- *Tonpapier, gestreift, in Grün-Weiß*
- *Tonpapierreste in Gelb, Hellgrün, Pink, Schwarz*
- *Gelstift in Weiß*
- *Filzstift in Rot, Schwarz*
- *Motivstanzer „Blümchen", 1,5 cm Ø*
- *Locher*

VORLAGEN 14 – 16
Seiten 54/55

Hasen & Küken

1 Für die Hasen die Vorlagen 14 und 15 auf Tonkarton, für das Küken Vorlage 16 auf gepunktetes Papier übertragen, auschneiden und den Faltlinien entsprechend falten. Bei den Hasen das Gesicht aus rosa Tonkarton arbeiten, den Latz aus kariertem Tonpapier. Für das Küken den Schnabel aus pinkfarbenem Tonpapier, die Halskrause aus gestreiftem Papier ausschneiden. Entlang der Außenkontur an Ohren und Armen bzw. Flügel mit dem Filzstift kleine nahtähnliche Striche ziehen. Die Fußform auf der Rückseite ebenfalls betonen.

2 Für die Hasen den Latz, dann das bemalte Gesicht (Anleitung Seite 7) aufkleben. Mit dem Motivstanzer Blümchen, mit dem Locher Punkte ausstanzen und zwischen den Hasenohren fixieren. Beim Küken ebenfalls das Gesicht gestalten. Zwei Streifen aus gelbem Tonpapier als Haare schneiden. Blümchen und Punkte ausstanzen und am Kopf fixieren, dabei die Haare dazwischenkleben. Hasen und Küken aufstellen, die seitlichen Laschen zusammenkleben und die Füße von außen dagegen kleben.
Für den Hasen mit dem erhobenen Arm das Schaschlikstäbchen mit Filzstift anmalen. Ein Rechteck, 5 x 2,5 cm, aus weißem Tonkarton schneiden. Mit Filzstift „Frohe Ostern" aufmalen, dann am Stäbchen fixieren. Mit dem Cutter an der markierten Stelle eine Öffnung anbringen und das Schaschlikstäbchen durchstecken. Zum Schluss die Eier hineinlegen.

Frohe
Ostern

MATERIAL

- Weiße Hühnereier, ausgeblasen
- Eierfarben, z. B. in Gelb, Blau, Grün
- Sprühlack, klar
- Motivlocher:
  - „Ei“
  - „Blüte“
  - „Hahn“
  - „Schmetterling“
  - „Tulpe“
- Doppelseitiges Klebeband
- Metallic-Effektfolie in Regenbogenfarben (von Folienkleber)

Hinweis

Beim Ausstanzen der Motive aus doppelseitigem Klebeband ist es wichtig, dass beide Seiten des Bandes mit Schutzpapier bedeckt sind. Verwenden Sie ein Stück schon abgelöstes Schutzpapier, um die Klebefläche zu bedecken. Trotzdem kann der Motivlocher verkleben und unbrauchbar werden. Reinigen Sie ihn mit Waschbenzin und stanzen Sie anschließend mehrmals Papier, um die letzten Klebstoffreste zu entfernen.

Glitzernde Eier

1 Die Eier färben, nach dem Trocknen mit Klarlack besprühen und trocknen lassen.

2 Die Motive aus doppelseitigem Klebeband ausstanzen und auf das Ei kleben.

3 Die Metallic-Effektfolie fest auf die Klebeflächen drücken und schnell abziehen. Sollte das Motiv nicht vollständig bedeckt sein, die Folie nochmals aufdrücken. Dabei unbedingt den Farbverlauf beachten. Misslungene Motive vorsichtig wieder abziehen. Die Stelle mit Waschbenzin reinigen und neu bekleben.

MATERIAL

- Plastik-Eier in Rot, Violett
- Bastelfilz in Rot, Hellgrün
- 2 Moosgummikugeln in Hautfarbe, 3,5 cm Ø
- Filzstifte in Rot, Schwarz
- Schafwollreste in Rot oder Lila
- Stickgarn in Rot oder Grün
- Velourspapier in Rot, Grün
- Nadel und Faden
- Filzstift in Schwarz
- Gelstift in Weiß

VORLAGE 17
Seite 54

Beerenwichtel

1 Vorlage 17 aus grünem Filz zuschneiden (Anleitung Seite 6) und zur Hälfte falten. In die lang gezogenen Spitzen jeweils einen Knoten knüpfen.

2 Mund und Augen auf die Moosgummikugel malen. Für die Mütze einen 6 x 11 cm großen Filzstreifen zuschneiden. Den Streifen um den Kopf kleben, die Mütze oben mit einem Wollfaden zusammenziehen. Etwas rote oder lilafarbene Schafwolle als Haare unter die Mütze schieben.

3 An der mit einem Kreuz bezeichneten Stelle des Filzsegments den Aufhängefaden festnähen. Nadel und Faden dann durch den Kopf und die Mütze nach oben ziehen und den Faden gleichzeitig als Aufhängefaden verwenden.

4 Das Ei oben mit Klebstoff bestreichen. Das Filzsegment mit dem Wichtelkopf auf das Ei kleben. Mit dem Locher aus Velourspapier Punkte stanzen und auf das Ei kleben.

MATERIAL

- Chenilledraht in Hellbraun
- Wattekugel, ca. 35 mm Ø
- Webpelzreste
- Zahnstocher
- Bastelfarbe in Hellbraun
- Filzstift in Schwarz
- Gelstift in Weiß
- Weiße Hühnereier, ausgeblasen
- Deckfarben
- Pinsel
- Aufhängefaden

VORLAGE 18
Seite 54

Hase mit Ei

1 Die Wattekugel auf einen Zahnstocher stecken und mit Bastelfarbe braun färben. Trocknen lassen.

2 Den Chenilledraht der Vorlage entsprechend formen und biegen. Bei einer Wattekugel von 35 mm Durchmesser wird ein Draht für den Kopf, ein Draht für den Körper und jeweils ein halber Draht für Arme und Beine benötigt.

3 Das Gesicht ausgestalten, Webpelzrest als Haare aufkleben.

4 Das Ei mit Deckfarben bemalen, trocknen lassen und dann am Bauch und an den Armen des Hasen fixieren.

Wackelhühner

Abbildung und Materialangaben Seite 18/19

1 Die Kreise aus Fotokarton ausschneiden. Die Mittellinie am Lineal entlang mit der Scherenspitze leicht anritzen und falten.

2 Augen und Ziernähte mit Filzstift zeichnen.

3 Die übrigen Vorlage auf Fotokarton übertragen und mit einer großzügigen Randzugabe ausschneiden. Die Rückseiten mit Klebestift bestreichen und flächig auf Filz kleben. Trocknen lassen und die aufgezeichneten Umrisse exakt nachschneiden.

4 Jeweils Kamm und Flügel außen, Schnabel und Kinnlappen innen anbringen. Mund und Nasenpunkt auf den Schnabel malen. Eine Schwanzfeder einkleben.

MATERIAL

- Fotokarton in verschiedenen Brauntönen
- Filzplatten in Gelb, Orange, Rot, Hellgrün, 4 mm
- Märchenwolle in Rot
- Filznadel, mittel, 90 mm lang
- Schmetterlinge aus Metall, 3 cm
- Naturbast
- Filzstift in Schwarz
- Gelstift in Weiß
- Lochzange

VORLAGEN 19 – 22
Seiten 56/57

Frühlingsboten

1 Die Hasen von der Vorlage auf Fotokarton, Narzisse, Tulpe und Karotte auf Filz übertragen und ausschneiden.

2 Die Gesichter der Hasen mit Filzstift aufmalen, Glanzpunkte mit einem weißen Gelstift setzen. Die Innenohren aufkleben.

3 Bei der gelben Blüte etwas Märchenwolle als Blütenstempel auffilzen. Tipp: Alternativ einen runden Blütenstempel aus rotem Filz schneiden und aufkleben.

4 Die Motive aus Filz der Abbildung entsprechend auf die Hasen kleben und deren Arme fixieren.

5 Mit der Lochzange ein Loch zwischen den Hasenohren ausstanzen. Als Aufhängung Bastschlaufen anbringen und dabei einige Fäden als Stirnhaare anknoten.

6 Die kleinen Schmetterlinge aufkleben: auf Fotokarton mit Klebekissen, auf Filz mit flüssigem Klebstoff.

TIPP

Anstelle der dicken Filzplatten Bastelfilz verwenden und auf Fotokarton aufziehen.

MATERIAL

Für beide Motive

- *Bindedraht*
- *Perlgarn in Gelb*
- *Je Motiv 3 Holzperlen, z. B. in Gelb, Orange, Rot, 10 mm Ø*

Küken

- *Fotokarton in Gelb, Grün*
- *Tonpapier in Rot*
- *Motivkarton „Happy Papers – Flowers – Gänseblümchen" in Orange*
- *Papierkordel mit Drahteinlage in Weiß*
- *Ostergras*
- *Schaschlikstab*
- *Filzstift in Rot, Schwarz*

Ei

- *Ausgeblasenes, gefärbtes Ei*
- *Acryl- oder Deckfarben in Rot, Grün*
- *Pinsel*
- *Motivkarton „Happy Papers – Flowers – Sommerblumen" in Grün*

VORLAGEN 23 – 26

Seite 57

Hinweis

Für beide Motive eine lange Hilfsnadel anfertigen: Das Ende eines 10 cm langen Bindedrahts eng u-förmig biegen.

Osterketten

Küken

1 Das Küken aus Fotokarton schneiden. Schnabel und Auge aufmalen und Flügel ankleben. Aufhängefaden anbringen.

2 Das grüne Nest aus Fotokarton arbeiten, alle eingezeichneten Falten auf der Vorderseite falten, dann auf der Rückseite (ergibt Tal- und Bergfalten). Mit der Schere ein Loch in die Spitze stechen.

3 Die Schmetterlingsflügel von Vorlage 25 auf Motivkarton übertragen und ausschneiden. Ein Loch für die Aufhängung stanzen. Das Dreieck für den Schmetterlingskörper aus Tonpapier schneiden, an der breiten Seite über einen Schaschlikstab wickeln und das Ende festkleben. Den Körper auf den Flügeln fixieren. Zwei 2,5 cm lange Papierkordelstücke als Fühler einkleben.

4 Den Schmetterling auf Perlgarn reihen. Die Garnenden zusammennehmen, durch die Öse der Hilfsnadel fädeln und drei Holzperlen aufnehmen. Durch das Loch im Nest führen und innen mit einem Knoten fixieren. Küken und Ostergras ins Nest kleben.

Ei

1 Ein ausgeblasenes Ei einfärben (siehe Seite 7) und mit Acryl- oder Deckfarben kleine Muster aufmalen.

2 Eine Perlenkette mit Blütenanhänger anfertigen und die Fäden verknoten. Eine kleine Papierscheibe und das Ei aufziehen, die Enden zu einer Aufhängeschlaufe verknoten.

MATERIAL

- *Rohe Eier (nicht ausgeblasen)*
- *Wattebällchen in Gelb (Kosmetik-watte)*
- *Klebepunkte in Schwarz, 0,5 cm Ø*
- *Tonpapierreste in Orange und Rot*
- *Deckfarben in Rot, Blau, Weiß*
- *Pinsel*
- *Gelstift in Weiß*
- *Nähgarn*
- *Spülmittel*

Küken im Ei

1 Das Ei oben für das Loch des Aufhängefadens einstechen.

2 Die Schale des Eies so aufschlagen, dass eine runde oder eine ovale Öffnung entsteht. Das Ei mit warmem Wasserund Spülmittel vorsichtig auswaschen und trocknen lassen.

3 Beide Enden des Aufhängefadens verknoten und die Schlinge durch das kleine Loch im Ei führen.

4 Das Ei mit Deckfarben bemalen und trocknen lassen.

5 Wattebällchen in die Öffnung der Eierschale setzen. Augen und Schnabel aufkleben.

MATERIAL

- *3 Holzbuttons, 30 mm Ø*
- *Reste von Canson-Karton in Orange, Rot, Grün, Hellbraun*
- *Fotokarton- und Bastelkartonreste mit Muster in Gelb, Rot, Grün*
- *Holzperlen und Holzoliven in Gelb, Orange, Rot, zwischen 5 und 10 mm Ø*
- *Rest von Märchenwolle in Orange*
- *Motivlocher „Kreis", klein*
- *Silberdraht*
- *Acrylfarben in Gelb, Orange, Rot, Schwarz*
- *Schaschlikspieß*
- *Holzbuntstift in Rot*
- *Gelstifte in Weiß, Schwarz, Orange, Rot*

VORLAGEN 27 – 29
Seite 58

Lustige Häschen

1 Die Gesichter auf die Holzbuttons malen: Nasen und Augen mit dem stumpfen Ende eines Schaschlikstabes auftupfen. Wangenpunkte mit einem rotem Buntstift malen, Münder und Schnauzhaare mit Gelstiften (Anleitung Seite 7) zeichnen.

2 Ohren, Schleifen und Möhren nach den Vorlagen aus den Bastelpapieren ausschneiden. Jeweils beide Teile der Möhren aneinander kleben.

3 Gestanzte oder geschnittene Punkte auf die Schleifen kleben und die Schleifen an der Rückseite der Köpfe fixieren. Die Ohren festkleben.

4 Für jeden Hasen einen 30 cm langen Silberdraht u-förmig biegen. Auf beide Enden jeweils eine Holzperle auffädeln und darunter die Möhren mit Klebefilm anbringen. Den Draht mit Klebefilm auf der Rückseite der Holzbuttons fixieren.

5 Eventuell etwas Märchenwolle mittig mit Silberdraht abbinden und als Haare aufkleben.

MATERIAL

- *Geprägter Tonkarton in Weiß, Reste in Gelb, Orange, Grün*
- *Wattepompons in Weiß, 10 mm Ø*
- *Reste von Märchenwolle in Gelb, Orange, Grün*
- *Silberdraht*
- *Motivlocher:*
  - *„Herz", klein*
  - *„Kleeblatt", klein*
  - *„Blüte", groß*

VORLAGE 30
Seite 58

Wollige Schäfchen

1 Die Schäfchen nach der Vorlage ausschneiden. Blüten und Herznasen entweder ausschneiden oder mit Motivlochern ausstanzen.

2 Die Gesichter mit Filz- und Buntstiften ausgestalten. Nasen, Ohren und Stirnfell aufkleben. Die Köpfe auf den Körpern fixieren. Etwas Märchenwolle mit Silberdraht in der Mitte abbinden und auf das Stirnfell aufkleben.

3 Die Schäfchen verzieren, z. B. mit Blüten, Wattepompons, Kleeblättern.

4 Für die Beine eines Schäfchens 10 cm langen Silberdraht u-förmig biegen, an den Drahtenden je einen Pompon auffädeln und den Draht mit Klebefilm an der Körperrückseite befestigen. Für die Aufhängung einen 14 cm langen Silberdraht zur Schlaufe biegen und mit Klebefilm fixieren.

MATERIAL

Hase

- Fotokarton in Hellbraun, Rest in Rosa
- Bastelkarton mit Prägedekor in Gelb
- Filzrest in Hellblau
- Satinband in Orange, 4 mm breit
- Holzei, an einem Ende gebohrt, 30 x 40 mm
- Je 4 Holzperlen in Gelb und Rot, 4 mm Ø
- Bastrest in Gelb
- Acrylfarbe in Rot
- Pinsel
- Filzstift in Schwarz
- Buntstift in Orange
- Pluster-Pen oder Gelstift in Weiß

Tulpen

- Fotokartonreste in Gelb, Rot
- Chenilledraht in Grün
- Tontöpfe, 35 mm Ø
- Knetmasse
- Eventuell Rest von Schmelzgranulat
- Filzstift in Schwarz

VORLAGEN 31, 32
Seite 59

Hase mit Tulpen

Hase

1 Alle Teile nach der Vorlage ausschneiden, den Kopf zweifach.

2 Auf einer der beiden Kopfformen das Gesicht aufmalen, Innenohr und Nase aufkleben. Basthaare an der Rückseite fixieren. Den Kopf auf den Körper kleben, Pfoten und eine Filzschleife fixieren.

3 Das Holzei rot bemalen und nach dem Trocknen mit Pluster-Pen oder Gelstift weiße Punkte auftupfen.

4 Ein ca. 30 cm langes Satinband in die Bohrung des Holzeies einkleben. Die roten und gelben Holzperlen abwechselnd auffädeln. Das Ei in den Ausschnitt des Hasen hängen, das Band fixieren und hinter dem Kopf als Aufhängefaden weiterlaufen lassen. Die zweite Kopfform deckungsgleich auf die ausgestaltete Form kleben.

Tulpen

1 Für jeden Tulpenstiel einen Chenilledraht in der Mitte knicken und unten zusammendrehen. Oben beide Enden auseinander biegen und um einen runden Stift spiralenförmig aufrollen.

2 Die Blüten aus Fotokarton ausschneiden, mit Punkten verzieren und auf den Stiel aus Chenilledraht kleben.

3 Knetmasse in die Tontöpfe drücken und die Tulpen einstecken. Eventuell mit Schmelzgranulat auffüllen.

MATERIAL

- 4 weiße Hühnereier oder Plastikeier
- Trinkhalme in Gelb, Rosa, Pink, Grün
- Bast in Gelb, Orange, Pink, Türkis
- Holzperlen in Gelb, Grün, Rot, Pink, 6, 8, 10 mm Ø
- Metallring, 12 mm Ø
- Schere
- Klebstoff
- Bügeleisen
- Backpapier
- Locher oder Lochzange

Mobile

1 Die Eier säubern, an beiden Enden aufstechen, ausblasen und innen auswaschen. Eier trocknen lassen. Vier Trinkhalme von jeder Farbe zwischen zwei Lagen Backpapier legen. Das Bügeleisen auf die mittlere Stufe einstellen und die Röhrchen flach bügeln. Erkalten lassen und vom Backpapier trennen. Die gebügelten Trinkhalme auf 20 cm kürzen und an beiden Enden lochen. Die Halme mittig übereinander legen, auffächern und in der Mitte fixieren. Je Bastfarbe einen Faden abschneiden, verknoten und eine Perle aufziehen. Den Bast durch die Mitte der Trinkhalme fädeln, dann durch die gelochten Enden. Das Ei auffädeln, drei Perlen anbringen und den Bast doppelt verknoten.

2 Von den Trinkhalmen 3 cm lange Stücke schneiden. Die unteren 1,5 cm kreuzweise einschneiden. Die Schnittstellen über die Schere ziehen, sodass sich die eingeschnittenen Teile nach außen biegen. Die Trinkhalmstücke abwechselnd mit gelben Perlen auffädeln. Die Enden zweifach verknoten.

3 Den Metallring mit gelbem Bast mehrfach umwickeln, bis er eine schöne Dicke hat. Das Bastende fixieren. Bastschnüre an den Ring knoten. Dazwischen in unterschiedlichen Höhen die Eierschnüre mit den gebügelten Trinkhalmen anknoten und die Enden verkleben.

MATERIAL

- *Geprägter Tonkarton in Weiß*
- *Fotokartonreste mit Herzchenmuster (auf der Rückseite unifarben) in Gelb, Rosa, Rot, Blau, Hellgrün*
- *3 Rundhölzer, 5 mm Ø, 10 cm lang*
- *Silberdraht*
- *Motivlocher „Ei"*
- *Filzstift in Schwarz*
- *Gelstift in Weiß*
- *Holzbuntstift in Rot*

VORLAGEN 33 – 35
Seite 60

Herzige Hühnchen

1 Hühnchen, Herzen und Eier nach den Vorlagen aus Ton- und Bastelkarton ausschneiden.

2 Die Hennen der Abbildung entsprechend zusammenkleben. Für jedes Huhn drei bunte Eier mit dem Motivlocher ausstanzen und zusammen mit den gezackten Rechtecken auf den Bauch kleben.

3 Augen mit einem schwarzen Filzstift aufmalen, Glanzpunkte mit einem weißen Gelstift setzen und Wangen mit einem roten Buntstift andeuten.

4 Die Hühnchen mit der Klebepistole mittig auf die Holzstäbe kleben. An den Stabenden Herzchen fixieren.

5 Etwa 10 cm lange Silberdrähte über einen Holzstab wickeln, abnehmen und leicht auseinander ziehen. Ein Drahtende um die Holzstäbe der Hühnchen wickeln, am anderen Ende ein Ei aus Bastelkarton anbringen.

6 Für die Aufhängung eine Schlaufe aus Silberdraht mit Klebefilm an der Körperrückseite befestigen.

MATERIAL

- Filzplatten in Weiß, Gelb, Grün, 4 mm
- Tonpapier, klein gemustert, in Weiß-Gelb, Weiß-Grün
- Tonkarton in Gelb, Grün
- Ausgeblasenes, weißes Ei
- Halbperlen in Schwarz, 3 mm Ø
- Perlen in Gelb, Grün, 7 mm Ø
- Perlen in Weiß, Gelb, Grün, 1,5 cm Ø
- Feder in Weiß
- Filzstift in Gelb
- Moos-Girlande
- Holzwolle in Gelb, ersatzweise Moos
- Reisigrest
- Perlgarn in Weiß, Gelb oder Grün

VORLAGEN 36 – 38
Seite 61

Fensterketten

1 Nach den Vorlagen Herzen, Vögel und Blumen aus Filz oder aus klein gemustertem Papier arbeiten. Die Flügel und die halben Herzen jeweils doppelt ausschneiden und auf Vorder- und Rückseite kleben. Die Halbperlen als Augen von beiden Seiten aufkleben. Das Ei mit gelben Filzstiftpunkten bemalen.

2 Feder, Ei, Holzwolle, Reisig, Vögel und Herzen mit Perlgarn auffädeln. Zwischen den einzelnen Segmenten Perlen auffädeln. Jede Perle zweimal durchstechen, damit sie in ihrer Position am Aufhängefaden bleibt. Die Filzherzen beim Aufhängen mit kleinen Stichen befestigen, bei den Vögeln längs durch den Filz stechen, bei den Blumen in der Mitte eine Perle mit auffädeln.

3 Die Fensterketten an einer Moosgirlande, einem Ast oder der Gardinenstange aufhängen.

MATERIAL

- *Fotokarton in Weiß, Goldgelb, Hellorange, Orange, Rosa (teilweise genügen Reste)*
- *Tontöpfe, 6 cm Ø*
- *Ostergras in Grün*
- *Plastik-Vogeleier, 35, 25, 15 mm*
- *Bastreste in Weiß, Gelb*
- *Marabufedern in Weiß, Gelb*
- *Satinband in Hellgrün, 4 mm breit*
- *Knöpfe in Weiß, Gelb, 11 mm Ø*
- *Acrylfarben in Rosa, Violett, Hellblau*
- *Pinsel*
- *Filzstift in Schwarz*
- *Buntstift in Orange*
- *Pluster-Pen oder Gelstift in Weiß*
- *Motivlocher „Blüte"*

VORLAGEN 39 – 41
Seiten 60/61

Dekorative Küken

1 Die Minitontöpfe mit Acrylfarben bemalen und trocknen lassen. Mit Pluster-Pen (oder Gelstift) weiße Punkte auftupfen.

2 Die Küken nach der Vorlage aus Fotokarton schneiden. Schnäbel aufkleben und die Gesichter ausgestalten. Mit Klebefilm 3 cm lange Baststücke an den Kopfrückseiten befestigen. Satinschleifen an den Hälsen fixieren.

3 Die Flügel mit dick aufgetragenem Klebestift oder mit der Klebepistole um die Tontopfränder kleben. Blüten ausstanzen oder nach Vorlage 40 ausschneiden, mittig Knöpfe aufkleben und die Blumen zwischen den Flügelspitzen fixieren. An den Rückseiten der Küken Marabufedern festkleben.

4 Am Schluss die Töpfe mit Ostergras und kleinen Plastik-Vogeleiern verzieren.

TIPP

Die Tontöpfchen können auch mit Überraschungen gefüllt werden.

1

2

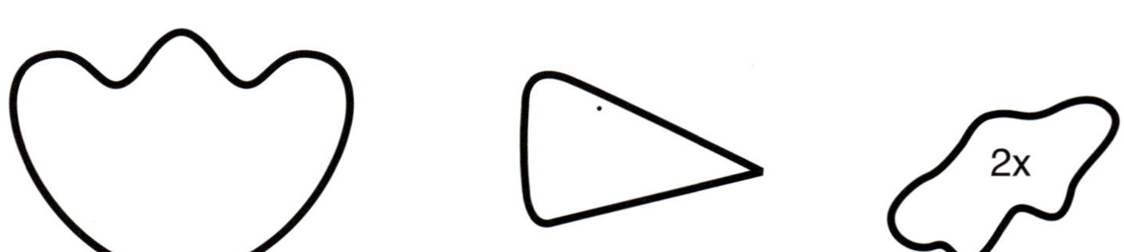

3

4

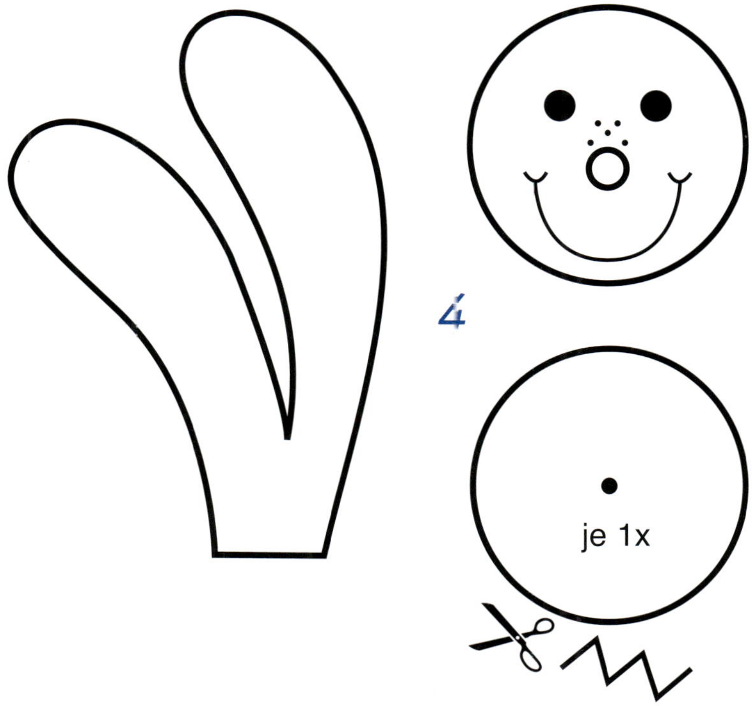

5

6

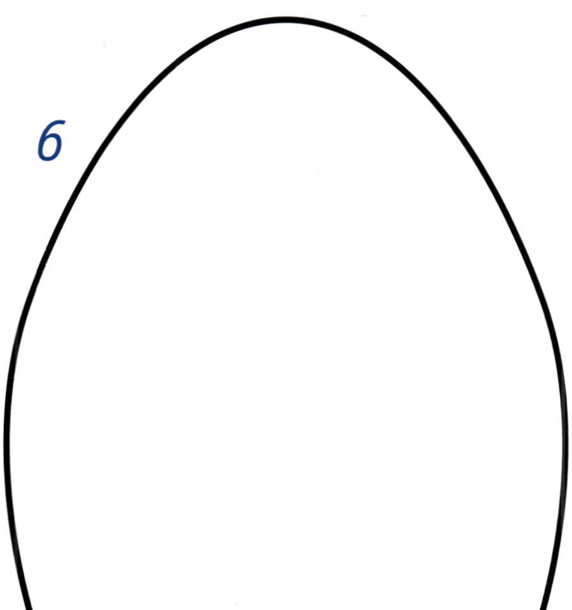

7

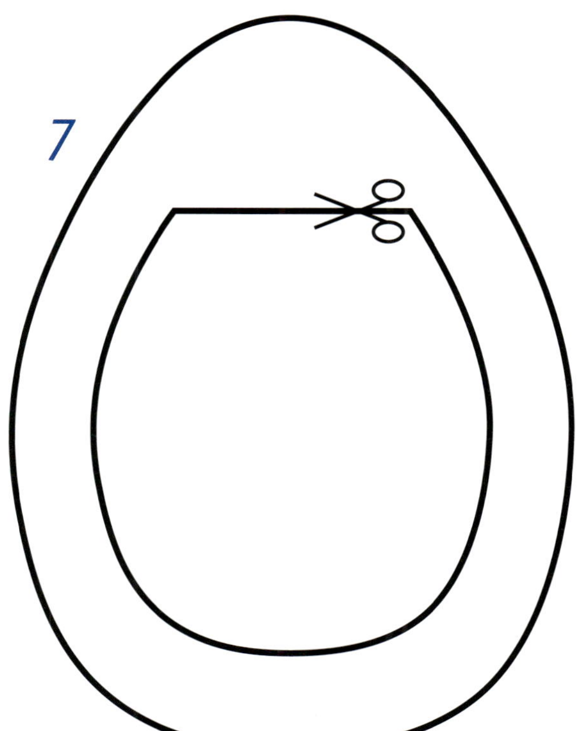

8

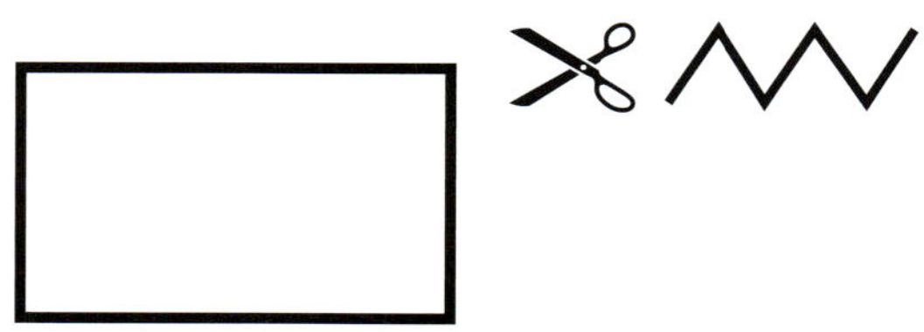

9

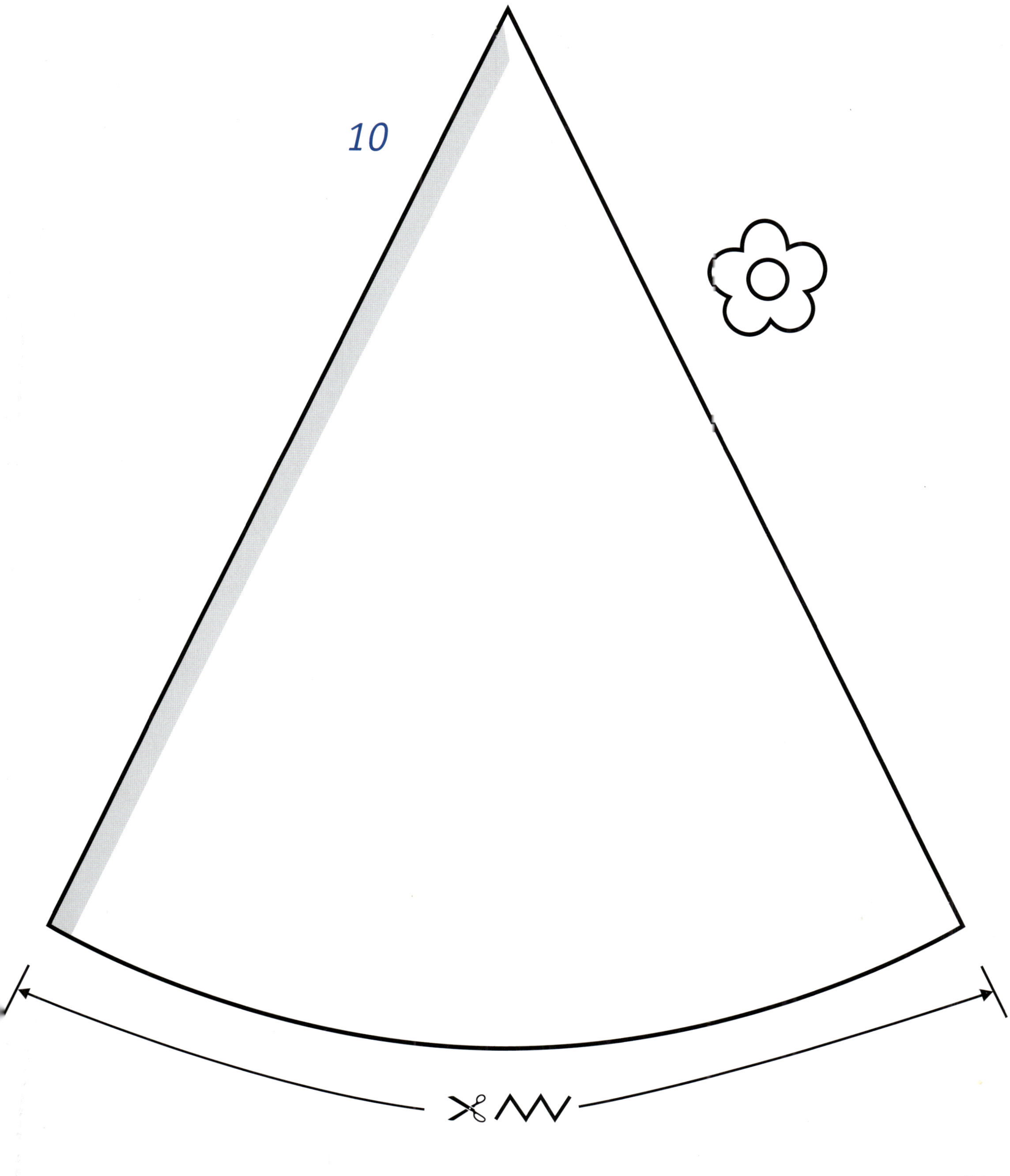
10

11

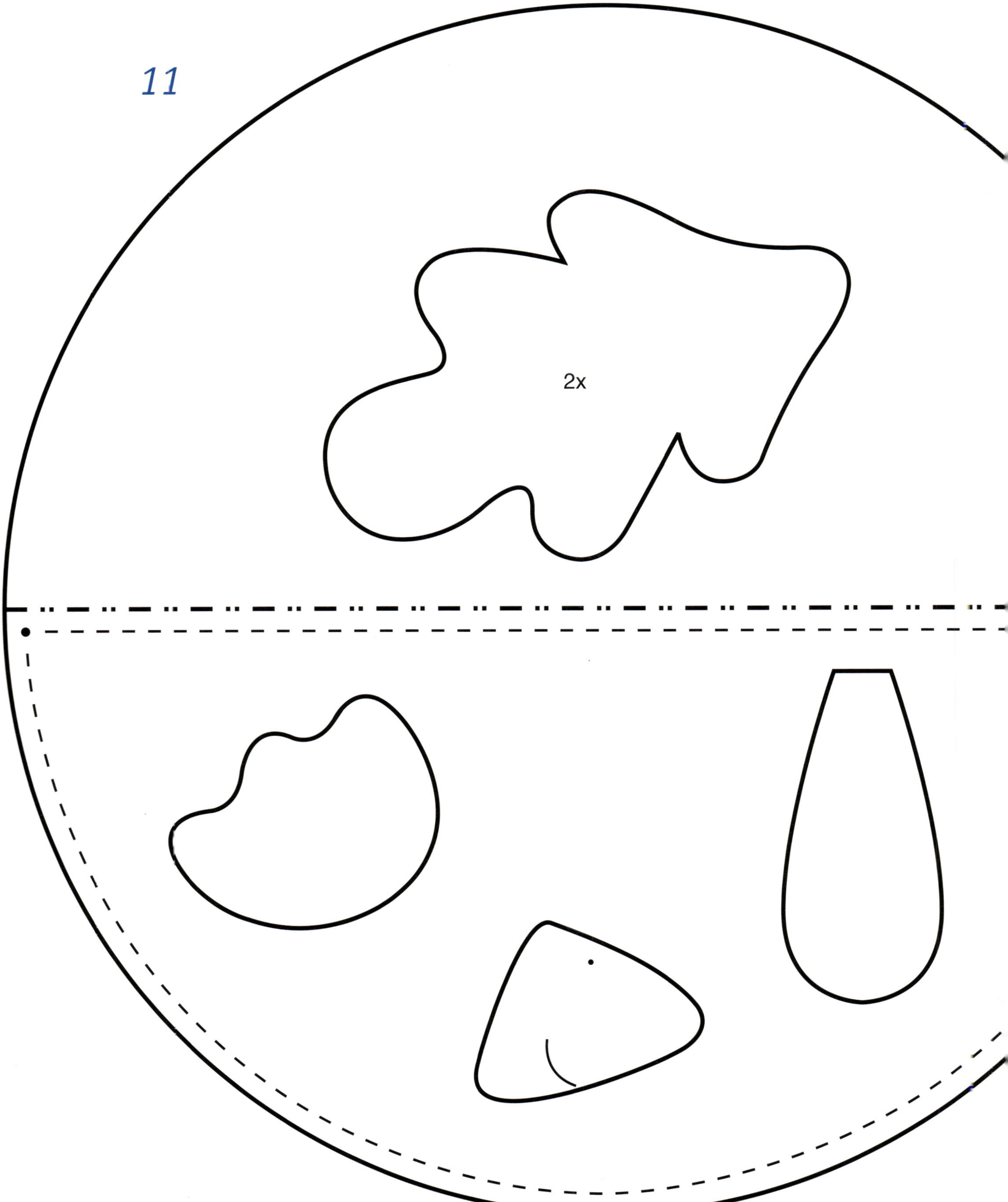

12

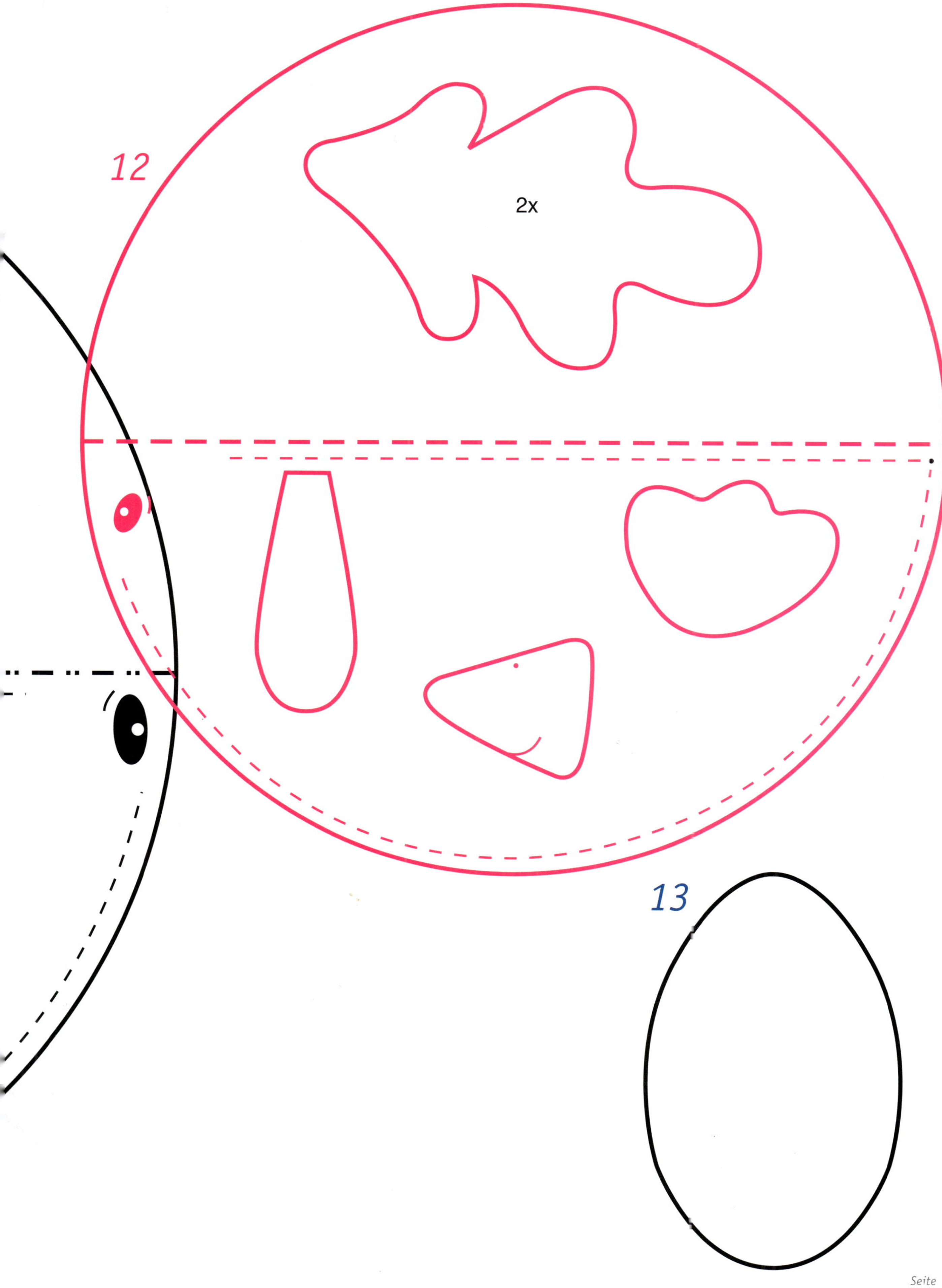

13

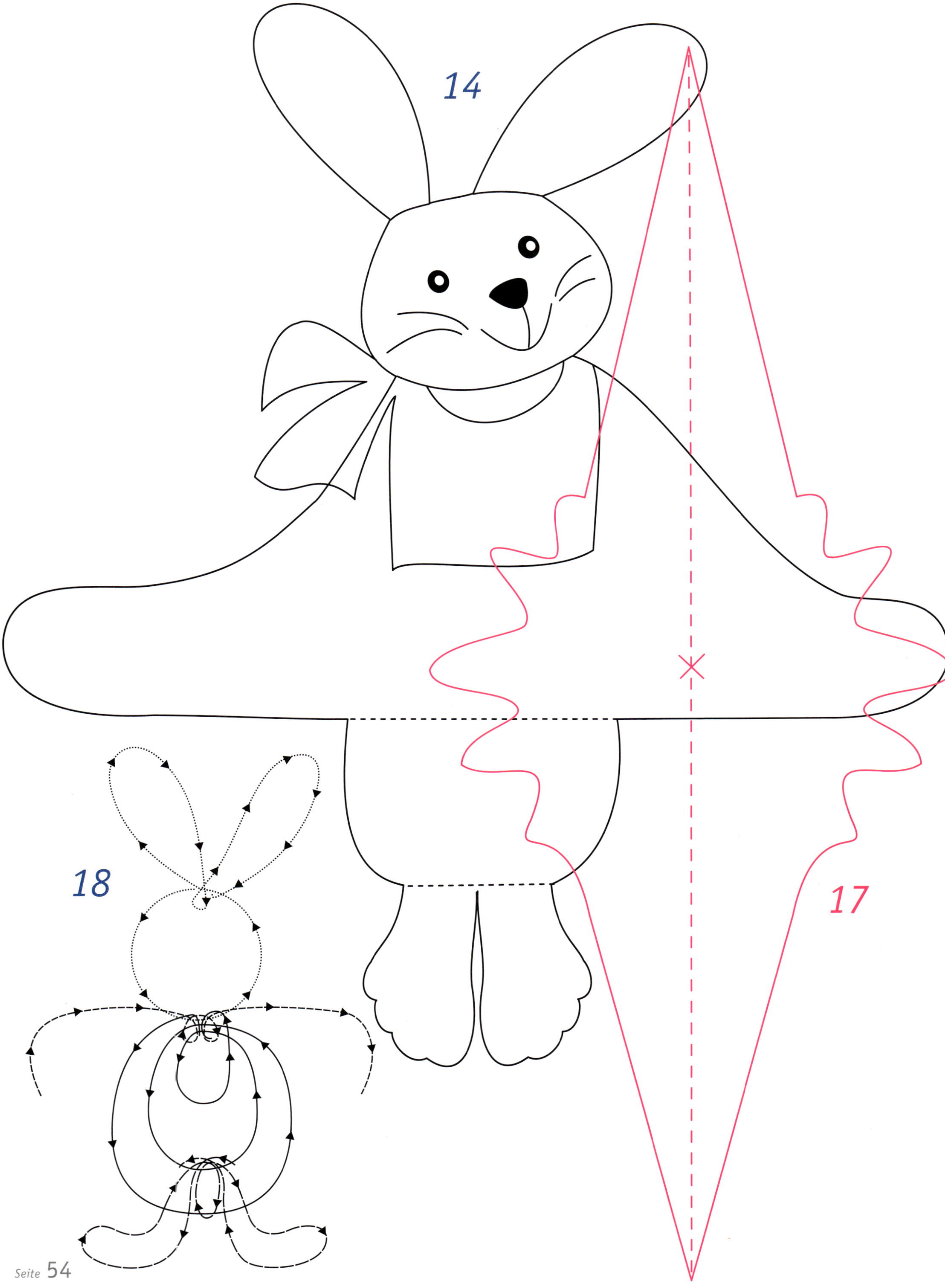

14
18
17

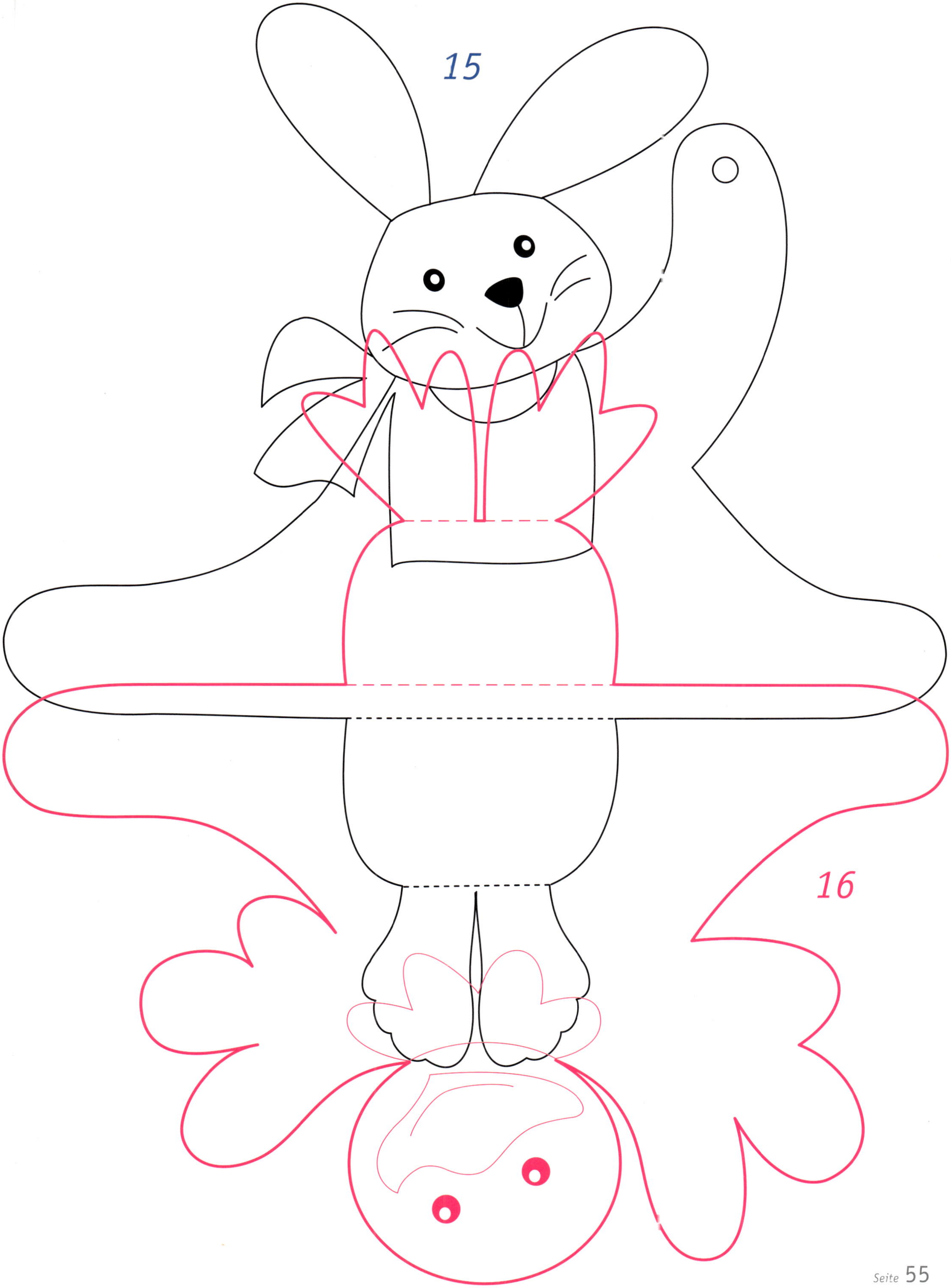
15
16

20

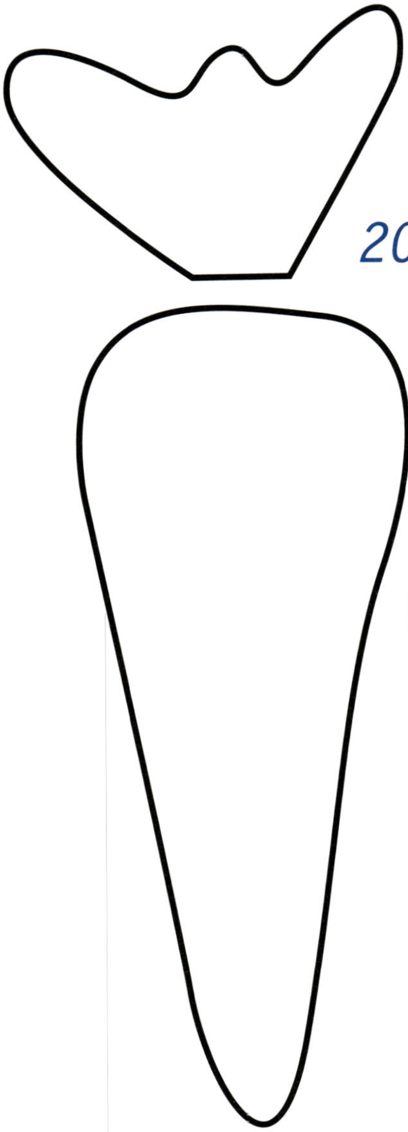

19

21

22

23

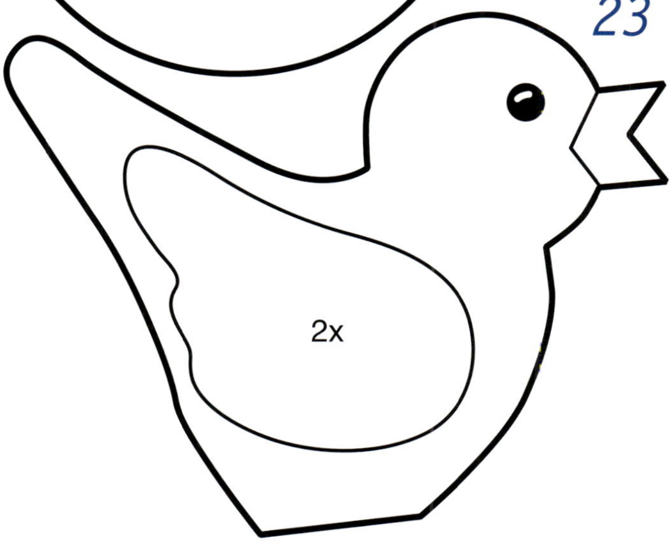

24

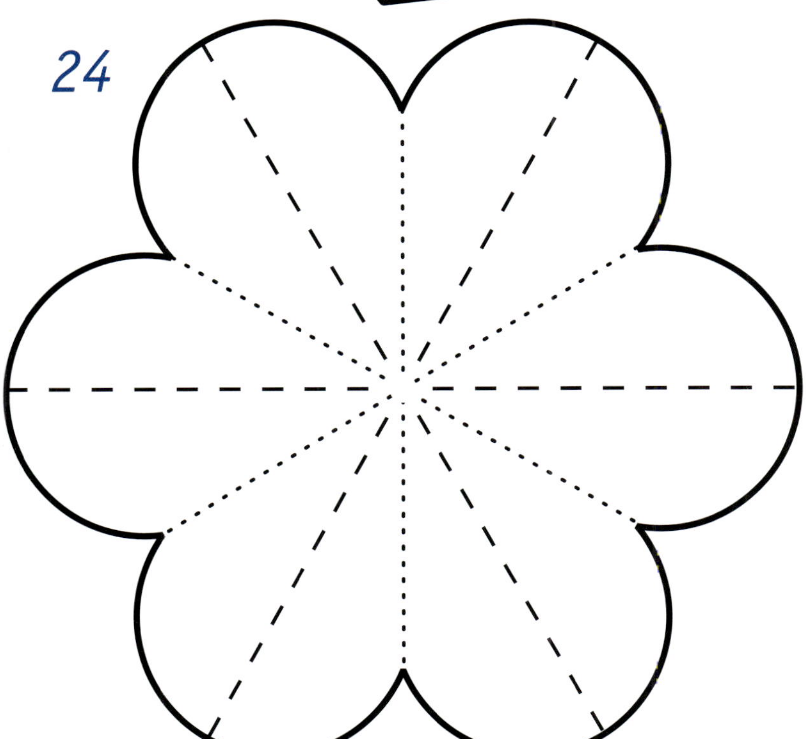

25

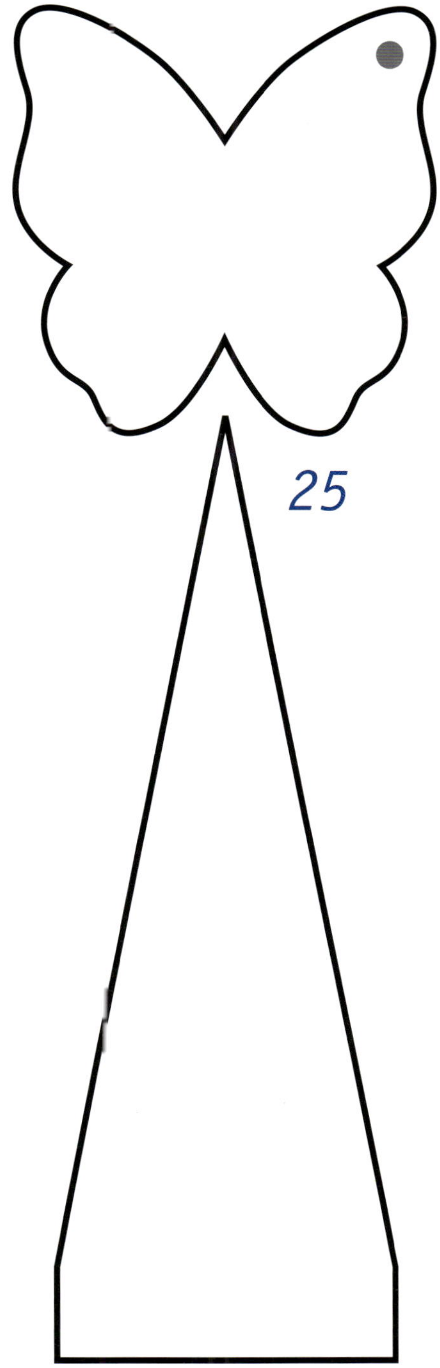

26

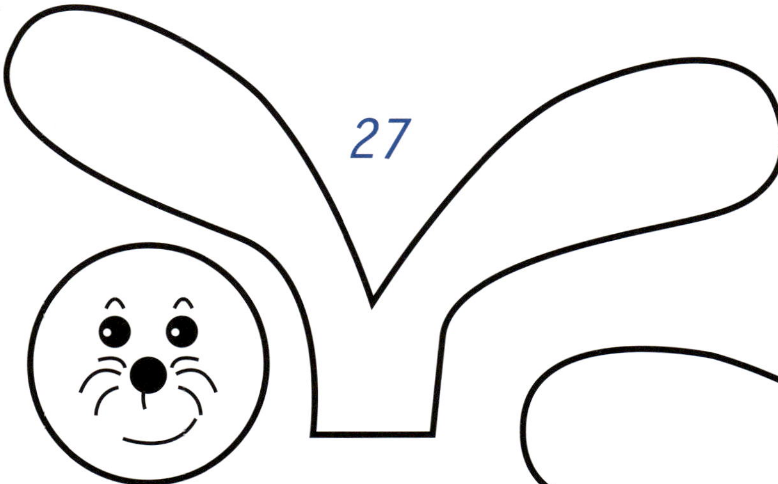

27

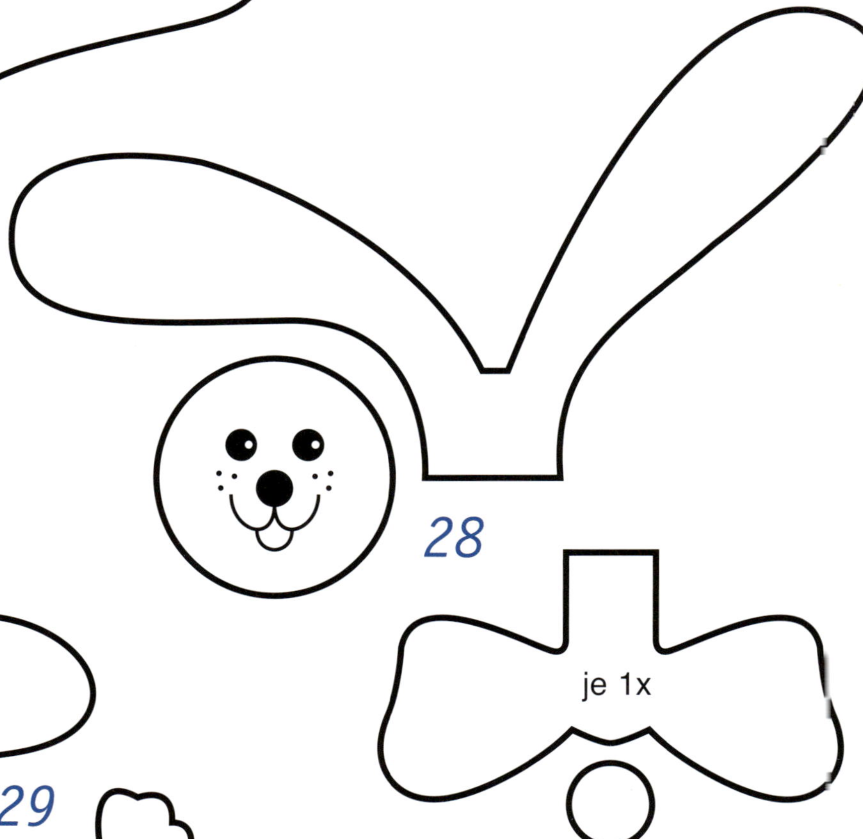

28

29

30

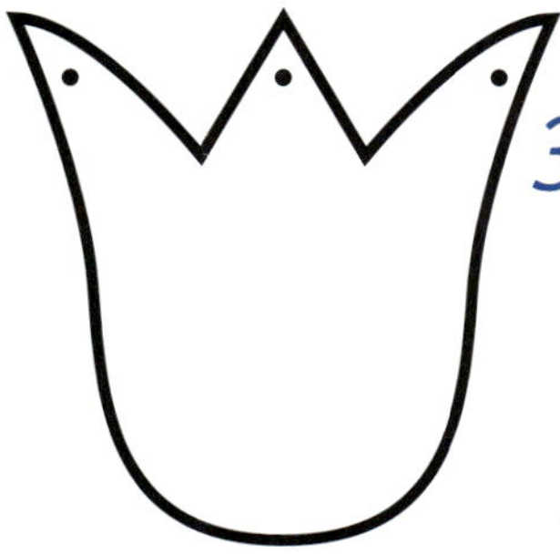

32

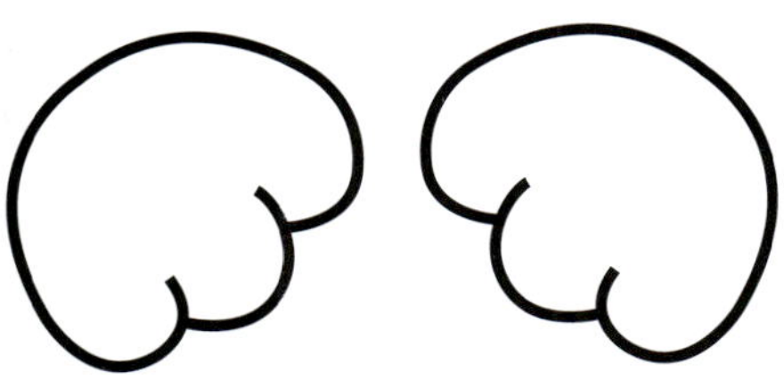

31

33

34

35

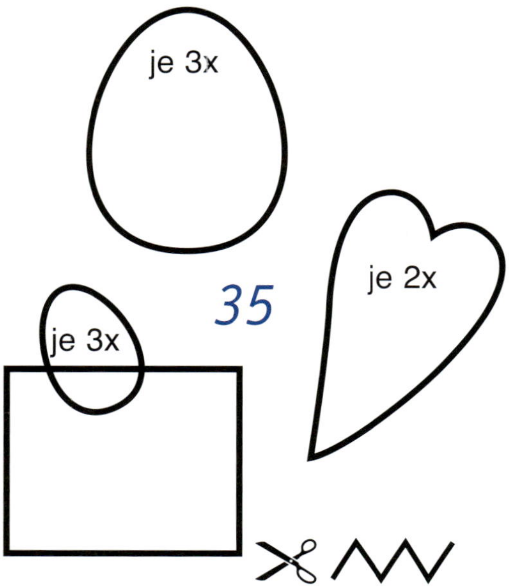

39

37

38

36

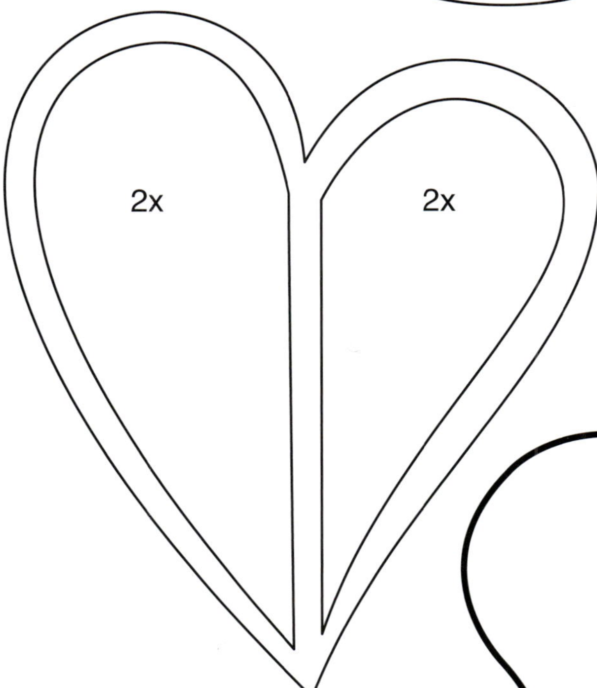

41

40

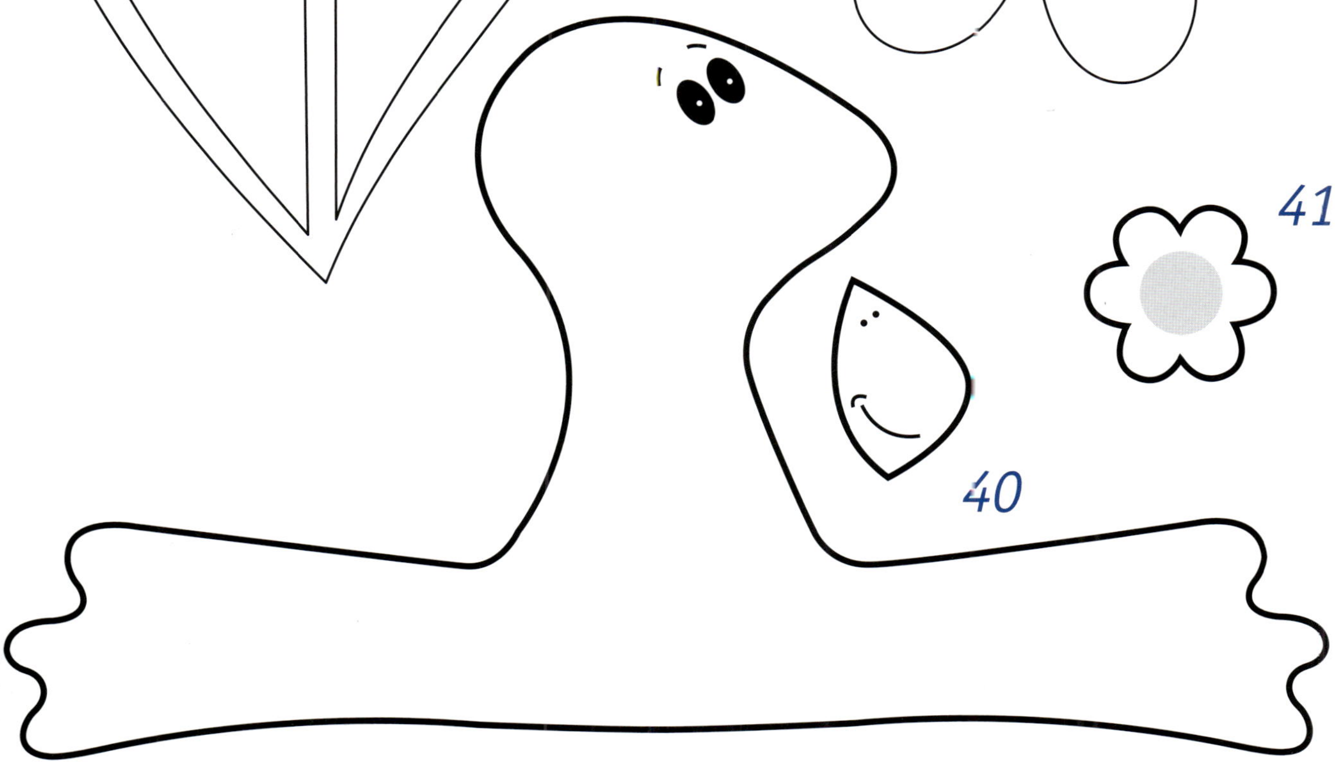

Impressum

Autorinnen:

Laura Blücher, Seiten 10/11, 18/19, 38/39, 46/47
Erika Bock, Seiten 14/15, 26 – 33
Ernestine Fittkau, Seiten 8/9, 12/13, 16/17, 34 – 37, 42/43
Kathja Herrenknecht, Seiten 40/41
Kathleen Lützner, Seiten 22/23
Martha Steinmeyer, Seiten 20/21, 24/25, 44/45

Abbildungen:

Roland Krieg, Seiten 40/41
Christoph Schmotz, Seiten 8 – 39, 42 – 47

© Christophorus im Verlag Herder
Freiburg im Breisgau 2007
www.christophorus-verlag.de

Printed in Germany
ISBN 978-3-419-53382-6

Redaktion: Irmgard Böhler, Wiesbaden
Layoutentwurf: Network!, München
Gesamtproduktion: art und weise, Freiburg
Druck: Himmer, Augsburg 2007